Data:_____   Settimana:_____

Nome	Ora	Persone	Telefono #	Camera -Tavolo	Importante

I0510436

Data:_____ Settimana:____

Nome	Ora	Persone	Telefono #	Camera -Tavolo	Importante

Data:_____   Settimana:_____

Nome	Ora	Persone	Telefono #	Camera -Tavolo	Importante

Data:_____ Settimana:____

Nome	Ora	Persone	Telefono #	Camera - Tavolo	Importante

Data:_____   Settimana:____

Nome	Ora	Persone	Telefono #	Camera -Tavolo	Importante

Data:_____   Settimana:____

Nome	Ora	Persone	Telefono #	Camera -Tavolo	Importante

Data:_____   Settimana:_____

Nome	Ora	Persone	Telefono #	Camera -Tavolo	Importante

Data:_____ Settimana:____

Nome	Ora	Persone	Telefono #	Camera -Tavolo	Importante

Data:_____ Settimana:_____

Nome	Ora	Persone	Telefono #	Camera -Tavolo	Importante

Data:_____   Settimana:_____

Nome	Ora	Persone	Telefono #	Camera -Tavolo	Importante

Data:_____ Settimana:_____

Nome	Ora	Persone	Telefono #	Camera -Tavolo	Importante

Data:_____   Settimana:_____

Nome	Ora	Persone	Telefono #	Camera - Tavolo	Importante

Data:_____   Settimana:_____

Nome	Ora	Persone	Telefono #	Camera -Tavolo	Importante

Data:_____   Settimana:_____

Nome	Ora	Persone	Telefono #	Camera -Tavolo	Importante

Data:_____ Settimana:____

Nome	Ora	Persone	Telefono #	Camera -Tavolo	Importante

Data:_____   Settimana:_____

Nome	Ora	Persone	Telefono #	Camera -Tavolo	Importante

Data:_____   Settimana:____

Nome	Ora	Persone	Telefono #	Camera -Tavolo	Importante

Data:_____   Settimana:_____

Nome	Ora	Persone	Telefono #	Camera -Tavolo	Importante

Data:_____ Settimana:____

Nome	Ora	Persone	Telefono #	Camera -Tavolo	Importante

Data:_____   Settimana:____

Nome	Ora	Persone	Telefono #	Camera - Tavolo	Importante

Data:_____   Settimana:_____

Nome	Ora	Persone	Telefono #	Camera -Tavolo	Importante

Data:_____ Settimana:____

Nome	Ora	Persone	Telefono #	Camera -Tavolo	Importante

Data:_____   Settimana:_____

Nome	Ora	Persone	Telefono #	Camera -Tavolo	Importante

Data:_____   **Settimana:**____

Nome	Ora	Persone	Telefono #	Camera -Tavolo	Importante

Data:_____ Settimana:____

Nome	Ora	Persone	Telefono #	Camera -Tavolo	Importante

Data:_____ Settimana:____

Nome	Ora	Persone	Telefono #	Camera -Tavolo	Importante

Data:_____   Settimana:____

Nome	Ora	Persone	Telefono #	Camera -Tavolo	Importante

Data:_____ Settimana:____

Nome	Ora	Persone	Telefono #	Camera -Tavolo	Importante

Data:_____ Settimana:____

Nome	Ora	Persone	Telefono #	Camera -Tavolo	Importante

Data:_____   Settimana:_____

Nome	Ora	Persone	Telefono #	Camera - Tavolo	Importante

Data:_____   Settimana:_____

Nome	Ora	Persone	Telefono #	Camera -Tavolo	Importante

Data:_____   Settimana:____

Nome	Ora	Persone	Telefono #	Camera - Tavolo	Importante

Data:_____   Settimana:____

Nome	Ora	Persone	Telefono #	Camera -Tavolo	Importante

Data:_____   Settimana:____

Nome	Ora	Persone	Telefono #	Camera -Tavolo	Importante

Data:_____   Settimana:____

Nome	Ora	Persone	Telefono #	Camera -Tavolo	Importante

Data:_____ Settimana:____

Nome	Ora	Persone	Telefono #	Camera -Tavolo	Importante

Data:_____ Settimana:____

Nome	Ora	Persone	Telefono #	Camera -Tavolo	Importante

Data:_____ Settimana:____

Nome	Ora	Persone	Telefono #	Camera -Tavolo	Importante

Data:_____ Settimana:____

Nome	Ora	Persone	Telefono #	Camera -Tavolo	Importante

Data:_____   Settimana:_____

Nome	Ora	Persone	Telefono #	Camera -Tavolo	Importante

Data:_____   Settimana:_____

Nome	Ora	Persone	Telefono #	Camera -Tavolo	Importante

Data:_____   Settimana:____

Nome	Ora	Persone	Telefono #	Camera -Tavolo	Importante

Data:_____   Settimana:____

Nome	Ora	Persone	Telefono #	Camera -Tavolo	Importante

Data:_____   Settimana:_____

Nome	Ora	Persone	Telefono #	Camera -Tavolo	Importante

Data:_____   Settimana:_____

Nome	Ora	Persone	Telefono #	Camera -Tavolo	Importante

Data:_____ Settimana:____

Nome	Ora	Persone	Telefono #	Camera -Tavolo	Importante

Data:_____ Settimana:____

Nome	Ora	Persone	Telefono #	Camera -Tavolo	Importante

Data:_____   Settimana:_____

Nome	Ora	Persone	Telefono #	Camera -Tavolo	Importante

Data:_____ Settimana:____

Nome	Ora	Persone	Telefono #	Camera -Tavolo	Importante

Data:_____ Settimana:_____

Nome	Ora	Persone	Telefono #	Camera -Tavolo	Importante

Data:_____   Settimana:_____

Nome	Ora	Persone	Telefono #	Camera - Tavolo	Importante

Data:_____   Settimana:_____

Nome	Ora	Persone	Telefono #	Camera -Tavolo	Importante

Data:_____ Settimana:____

Nome	Ora	Persone	Telefono #	Camera -Tavolo	Importante

Data:_____ Settimana:____

Nome	Ora	Persone	Telefono #	Camera -Tavolo	Importante

Data:_____ Settimana:____

Nome	Ora	Persone	Telefono #	Camera -Tavolo	Importante

Data:_____ Settimana:____

Nome	Ora	Persone	Telefono #	Camera -Tavolo	Importante

Data:_____   Settimana:____

Nome	Ora	Persone	Telefono #	Camera -Tavolo	Importante

Data:_____   Settimana:____

Nome	Ora	Persone	Telefono #	Camera -Tavolo	Importante

Data:_____   Settimana:____

Nome	Ora	Persone	Telefono #	Camera -Tavolo	Importante

Data:_____   Settimana:____

Nome	Ora	Persone	Telefono #	Camera -Tavolo	Importante

Data:_____ Settimana:____

Nome	Ora	Persone	Telefono #	Camera -Tavolo	Importante

Data:_____ Settimana:____

Nome	Ora	Persone	Telefono #	Camera - Tavolo	Importante

Data:_____ Settimana:____

Nome	Ora	Persone	Telefono #	Camera -Tavolo	Importante

Data:_____   Settimana:_____

Nome	Ora	Persone	Telefono #	Camera - Tavolo	Importante

Data:_____   Settimana:_____

Nome	Ora	Persone	Telefono #	Camera -Tavolo	Importante

Data:_____   Settimana:_____

Nome	Ora	Persone	Telefono #	Camera -Tavolo	Importante

Data:_____ Settimana:____

Nome	Ora	Persone	Telefono #	Camera -Tavolo	Importante

Data:_____   Settimana:____

Nome	Ora	Persone	Telefono #	Camera -Tavolo	Importante

Data:_____   Settimana:____

Nome	Ora	Persone	Telefono #	Camera -Tavolo	Importante

Data:_____ Settimana:____

Nome	Ora	Persone	Telefono #	Camera - Tavolo	Importante

Data:_____   Settimana:_____

Nome	Ora	Persone	Telefono #	Camera -Tavolo	Importante

Data:_____ Settimana:____

Nome	Ora	Persone	Telefono #	Camera -Tavolo	Importante

Data:_____ Settimana:____

Nome	Ora	Persone	Telefono #	Camera -Tavolo	Importante

Data:_____   Settimana:____

Nome	Ora	Persone	Telefono #	Camera -Tavolo	Importante

Data:_____ Settimana:____

Nome	Ora	Persone	Telefono #	Camera -Tavolo	Importante

Data:_____ Settimana:____

Nome	Ora	Persone	Telefono #	Camera -Tavolo	Importante

Data:_____   Settimana:_____

Nome	Ora	Persone	Telefono #	Camera -Tavolo	Importante

Data:_____   Settimana:_____

Nome	Ora	Persone	Telefono #	Camera -Tavolo	Importante

Data:_____ Settimana:____

Nome	Ora	Persone	Telefono #	Camera -Tavolo	Importante

Data:_____   Settimana:____

Nome	Ora	Persone	Telefono #	Camera -Tavolo	Importante

Data:_____   Settimana:____

Nome	Ora	Persone	Telefono #	Camera -Tavolo	Importante

Data:_____   Settimana:____

Nome	Ora	Persone	Telefono #	Camera -Tavolo	Importante

Data:_____ Settimana:____

Nome	Ora	Persone	Telefono #	Camera - Tavolo	Importante

Data:_____   Settimana:____

Nome	Ora	Persone	Telefono #	Camera -Tavolo	Importante

Data:_____ Settimana:____

Nome	Ora	Persone	Telefono #	Camera -Tavolo	Importante

Data:_____   Settimana:_____

Nome	Ora	Persone	Telefono #	Camera -Tavolo	Importante

Data:_____ Settimana:_____

Nome	Ora	Persone	Telefono #	Camera -Tavolo	Importante

Data:_____ Settimana:____

Nome	Ora	Persone	Telefono #	Camera -Tavolo	Importante

Data:_____ Settimana:____

Nome	Ora	Persone	Telefono #	Camera -Tavolo	Importante

Data:_____   Settimana:____

Nome	Ora	Persone	Telefono #	Camera -Tavolo	Importante

Data:_____   Settimana:____

Nome	Ora	Persone	Telefono #	Camera - Tavolo	Importante

Data:_____   Settimana:_____

Nome	Ora	Persone	Telefono #	Camera -Tavolo	Importante

Data:_____   Settimana:____

Nome	Ora	Persone	Telefono #	Camera -Tavolo	Importante

Data:_____   Settimana:____

Nome	Ora	Persone	Telefono #	Camera -Tavolo	Importante

Data:_____ Settimana:_____

Nome	Ora	Persone	Telefono #	Camera -Tavolo	Importante

Data:_____   Settimana:_____

Nome	Ora	Persone	Telefono #	Camera - Tavolo	Importante

Data:_____   Settimana:____

Nome	Ora	Persone	Telefono #	Camera -Tavolo	Importante

Data:_____   Settimana:____

Nome	Ora	Persone	Telefono #	Camera -Tavolo	Importante

Data:_____ Settimana:____

Nome	Ora	Persone	Telefono #	Camera -Tavolo	Importante

Data:_____ Settimana:____

Nome	Ora	Persone	Telefono #	Camera -Tavolo	Importante

Data:_____   Settimana:____

Nome	Ora	Persone	Telefono #	Camera -Tavolo	Importante

Data:_____   Settimana:____

Nome	Ora	Persone	Telefono #	Camera -Tavolo	Importante

Data:_____   Settimana:____

Nome	Ora	Persone	Telefono #	Camera -Tavolo	Importante

Data:_____   Settimana:_____

Nome	Ora	Persone	Telefono #	Camera -Tavolo	Importante

Data:_____ Settimana:____

Nome	Ora	Persone	Telefono #	Camera -Tavolo	Importante

Data:_____   Settimana:____

Nome	Ora	Persone	Telefono #	Camera -Tavolo	Importante

Data:_____ Settimana:____

Nome	Ora	Persone	Telefono #	Camera -Tavolo	Importante

Data:_____   Settimana:____

Nome	Ora	Persone	Telefono #	Camera -Tavolo	Importante

Data:_____   Settimana:_____

Nome	Ora	Persone	Telefono #	Camera -Tavolo	Importante

Data:_____   Settimana:____

Nome	Ora	Persone	Telefono #	Camera - Tavolo	Importante

Data:_____ Settimana:____

Nome	Ora	Persone	Telefono #	Camera -Tavolo	Importante

Data:_____ Settimana:____

Nome	Ora	Persone	Telefono #	Camera -Tavolo	Importante

Data:_____ Settimana:____

Nome	Ora	Persone	Telefono #	Camera -Tavolo	Importante

Data:_____ Settimana:_____

Nome	Ora	Persone	Telefono #	Camera -Tavolo	Importante

Data:_____   Settimana:_____

Nome	Ora	Persone	Telefono #	Camera -Tavolo	Importante

Data:_____ Settimana:____

Nome	Ora	Persone	Telefono #	Camera -Tavolo	Importante

Data:_____ Settimana:____

Nome	Ora	Persone	Telefono #	Camera -Tavolo	Importante

Data:_____   Settimana:_____

Nome	Ora	Persone	Telefono #	Camera -Tavolo	Importante

Data:_____   Settimana:____

Nome	Ora	Persone	Telefono #	Camera -Tavolo	Importante

Data:_____   Settimana:_____

Nome	Ora	Persone	Telefono #	Camera -Tavolo	Importante

Data:_____ Settimana:____

Nome	Ora	Persone	Telefono #	Camera -Tavolo	Importante

Data:_____   Settimana:_____

Nome	Ora	Persone	Telefono #	Camera -Tavolo	Importante

Data:_____ Settimana:____

Nome	Ora	Persone	Telefono #	Camera -Tavolo	Importante

Data:_____   Settimana:_____

Nome	Ora	Persone	Telefono #	Camera -Tavolo	Importante

Data:_____   Settimana:____

Nome	Ora	Persone	Telefono #	Camera -Tavolo	Importante

Data:_____   Settimana:_____

Nome	Ora	Persone	Telefono #	Camera -Tavolo	Importante

Data:_____   Settimana:____

Nome	Ora	Persone	Telefono #	Camera -Tavolo	Importante

Data:_____ Settimana:____

Nome	Ora	Persone	Telefono #	Camera -Tavolo	Importante

Data:_____   Settimana:____

Nome	Ora	Persone	Telefono #	Camera -Tavolo	Importante

Data:_____ Settimana:____

Nome	Ora	Persone	Telefono #	Camera -Tavolo	Importante

Data:_____ Settimana:____

Nome	Ora	Persone	Telefono #	Camera -Tavolo	Importante

Data:_____   Settimana:____

Nome	Ora	Persone	Telefono #	Camera -Tavolo	Importante

Data:_____　　　　　　Settimana:____

Nome	Ora	Persone	Telefono #	Camera - Tavolo	Importante

Data:_____   Settimana:____

Nome	Ora	Persone	Telefono #	Camera -Tavolo	Importante

Data:_____ Settimana:____

Nome	Ora	Persone	Telefono #	Camera -Tavolo	Importante

Data:_____   Settimana:____

Nome	Ora	Persone	Telefono #	Camera -Tavolo	Importante

Data:_____   Settimana:____

Nome	Ora	Persone	Telefono #	Camera -Tavolo	Importante

Data:_____ Settimana:____

Nome	Ora	Persone	Telefono #	Camera -Tavolo	Importante

Data:_____ Settimana:____

Nome	Ora	Persone	Telefono #	Camera -Tavolo	Importante

Data:_____   Settimana:_____

Nome	Ora	Persone	Telefono #	Camera -Tavolo	Importante

Data:_____   Settimana:____

Nome	Ora	Persone	Telefono #	Camera -Tavolo	Importante

Data:_____   Settimana:____

Nome	Ora	Persone	Telefono #	Camera -Tavolo	Importante

Data:_____ Settimana:____

Nome	Ora	Persone	Telefono #	Camera -Tavolo	Importante
Nome	Ora	Persone	Telefono #	Camera -Tavolo	Importante

Data:_____   Settimana:____

	Nome	Ora	Persone	Telefono #	Camera -Tavolo	Importante

Data:_____ Settimana:____

Nome	Ora	Persone	Telefono #	Camera -Tavolo	Importante

Data:_____   Settimana:_____

Nome	Ora	Persone	Telefono #	Camera -Tavolo	Importante

Data:_____ Settimana:____

Nome	Ora	Persone	Telefono #	Camera -Tavolo	Importante

Data:_____   Settimana:_____

	Nome	Ora	Persone	Telefono #	Camera -Tavolo	Importante

Data:_____ Settimana:____

Nome	Ora	Persone	Telefono #	Camera -Tavolo	Importante

Data:_____   Settimana:_____

Nome	Ora	Persone	Telefono #	Camera -Tavolo	Importante

Data:_____   Settimana:____

Nome	Ora	Persone	Telefono #	Camera -Tavolo	Importante

Data:_____   Settimana:_____

Nome	Ora	Persone	Telefono #	Camera -Tavolo	Importante

Data:_____ Settimana:____

Nome	Ora	Persone	Telefono #	Camera -Tavolo	Importante

Data:_____   Settimana:____

Nome	Ora	Persone	Telefono #	Camera -Tavolo	Importante

Data:_____   Settimana:____

Nome	Ora	Persone	Telefono #	Camera -Tavolo	Importante

Data:_____ Settimana:____

Nome	Ora	Persone	Telefono #	Camera -Tavolo	Importante

Data:_____   Settimana:____

Nome	Ora	Persone	Telefono #	Camera -Tavolo	Importante

Data:_____ Settimana:_____

Nome	Ora	Persone	Telefono #	Camera -Tavolo	Importante

Data:_____   Settimana:____

Nome	Ora	Persone	Telefono #	Camera -Tavolo	Importante

Data:_____ Settimana:____

Nome	Ora	Persone	Telefono #	Camera -Tavolo	Importante

Data:_____   Settimana:____

Nome	Ora	Persone	Telefono #	Camera -Tavolo	Importante

Data:_____ Settimana:____

Nome	Ora	Persone	Telefono #	Camera -Tavolo	Importante

Data:_____ Settimana:____

Nome	Ora	Persone	Telefono #	Camera -Tavolo	Importante

Data:_____   Settimana:____

Nome	Ora	Persone	Telefono #	Camera -Tavolo	Importante

Data:_____ Settimana:____

Nome	Ora	Persone	Telefono #	Camera -Tavolo	Importante

Data:_____   Settimana:____

Nome	Ora	Persone	Telefono #	Camera -Tavolo	Importante

Data:_____ **Settimana:____**

Nome	Ora	Persone	Telefono #	Camera -Tavolo	Importante

Data:_____   Settimana:____

Nome	Ora	Persone	Telefono #	Camera -Tavolo	Importante

Data:_____ Settimana:____

Nome	Ora	Persone	Telefono #	Camera -Tavolo	Importante

Data:_____   Settimana:____

Nome	Ora	Persone	Telefono #	Camera -Tavolo	Importante

Data:_____   Settimana:____

Nome	Ora	Persone	Telefono #	Camera - Tavolo	Importante

Data:_____ Settimana:____

Nome	Ora	Persone	Telefono #	Camera -Tavolo	Importante

Data:_____   Settimana:____

Nome	Ora	Persone	Telefono #	Camera -Tavolo	Importante

Data:_____   Settimana:____

Nome	Ora	Persone	Telefono #	Camera -Tavolo	Importante

Data:_____ Settimana:____

Nome	Ora	Persone	Telefono #	Camera -Tavolo	Importante

Data:_____   Settimana:____

Nome	Ora	Persone	Telefono #	Camera -Tavolo	Importante

Data:_____ Settimana:_____

Nome	Ora	Persone	Telefono #	Camera -Tavolo	Importante

Data:_____   Settimana:____

Nome	Ora	Persone	Telefono #	Camera -Tavolo	Importante

Data:_____   Settimana:____

Nome	Ora	Persone	Telefono #	Camera -Tavolo	Importante

Data:_____   Settimana:_____

Nome	Ora	Persone	Telefono #	Camera -Tavolo	Importante

Data:_____   Settimana:____

Nome	Ora	Persone	Telefono #	Camera -Tavolo	Importante

Data:_____   Settimana:____

Nome	Ora	Persone	Telefono #	Camera -Tavolo	Importante

Data:_____   Settimana:____

Nome	Ora	Persone	Telefono #	Camera -Tavolo	Importante

Data:_____   Settimana:____

Nome	Ora	Persone	Telefono #	Camera -Tavolo	Importante

Data:_____ Settimana:____

Nome	Ora	Persone	Telefono #	Camera -Tavolo	Importante

Data:_____   Settimana:_____

	Nome	Ora	Persone	Telefono #	Camera -Tavolo	Importante

Data:_____ Settimana:____

Nome	Ora	Persone	Telefono #	Camera -Tavolo	Importante
Nome	Ora	Persone	Telefono #	Camera -Tavolo	Importante

Data:_____ Settimana:____

Nome	Ora	Persone	Telefono #	Camera -Tavolo	Importante

Data:_____ Settimana:____

Nome	Ora	Persone	Telefono #	Camera -Tavolo	Importante

Data:_____   Settimana:_____

Nome	Ora	Persone	Telefono #	Camera -Tavolo	Importante

Data:_____   Settimana:____

Nome	Ora	Persone	Telefono #	Camera -Tavolo	Importante
Nome	Ora	Persone	Telefono #	Camera -Tavolo	Importante

Data:_____   Settimana:_____

Nome	Ora	Persone	Telefono #	Camera -Tavolo	Importante

Data:_____   Settimana:____

Nome	Ora	Persone	Telefono #	Camera -Tavolo	Importante

Data:_____ Settimana:____

Nome	Ora	Persone	Telefono #	Camera -Tavolo	Importante

Data:_____ Settimana:____

Nome	Ora	Persone	Telefono #	Camera -Tavolo	Importante
Nome	Ora	Persone	Telefono #	Camera -Tavolo	Importante

Data:_____   Settimana:_____

Nome	Ora	Persone	Telefono #	Camera -Tavolo	Importante

Data:_____ Settimana:_____

Nome	Ora	Persone	Telefono #	Camera -Tavolo	Importante

Data:_____ Settimana:____

Nome	Ora	Persone	Telefono #	Camera -Tavolo	Importante

Data:_____   Settimana:____

Nome	Ora	Persone	Telefono #	Camera -Tavolo	Importante
Nome	Ora	Persone	Telefono #	Camera -Tavolo	Importante

Data:_____ Settimana:____

Nome	Ora	Persone	Telefono #	Camera -Tavolo	Importante

Data:_____ Settimana:____

Nome	Ora	Persone	Telefono #	Camera -Tavolo	Importante

Data:_____ Settimana:____

Nome	Ora	Persone	Telefono #	Camera -Tavolo	Importante

Data:_____ Settimana:____

Nome	Ora	Persone	Telefono #	Camera -Tavolo	Importante
Nome	Ora	Persone	Telefono #	Camera -Tavolo	Importante

Data:_____ Settimana:_____

Nome	Ora	Persone	Telefono #	Camera -Tavolo	Importante

Data:_____ Settimana:____

Nome	Ora	Persone	Telefono #	Camera -Tavolo	Importante

Data:_____   Settimana:_____

Nome	Ora	Persone	Telefono #	Camera -Tavolo	Importante

Data:_____ Settimana:____

Nome	Ora	Persone	Telefono #	Camera -Tavolo	Importante

Data:_____   Settimana:____

Nome	Ora	Persone	Telefono #	Camera -Tavolo	Importante

Data:_____   Settimana:____

Nome	Ora	Persone	Telefono #	Camera -Tavolo	Importante

Data:_____   Settimana:____

Nome	Ora	Persone	Telefono #	Camera -Tavolo	Importante

Data:_____   Settimana:____

Nome	Ora	Persone	Telefono #	Camera -Tavolo	Importante

Data:_____   Settimana:____

Nome	Ora	Persone	Telefono #	Camera -Tavolo	Importante

Data:_____   Settimana:_____

Nome	Ora	Persone	Telefono #	Camera -Tavolo	Importante

Data:_____   Settimana:____

Nome	Ora	Persone	Telefono #	Camera -Tavolo	Importante

Data:_____ Settimana:____

Nome	Ora	Persone	Telefono #	Camera -Tavolo	Importante

Data:_____ Settimana:_____

Nome	Ora	Persone	Telefono #	Camera -Tavolo	Importante

Nome	Ora	Persone	Telefono #	Camera -Tavolo	Importante

Data:_____ Settimana:____

Data:_____   Settimana:____

Nome	Ora	Persone	Telefono #	Camera -Tavolo	Importante

Data:_____   Settimana:____

Nome	Ora	Persone	Telefono #	Camera -Tavolo	Importante

Data:_____ Settimana:_____

Nome	Ora	Persone	Telefono #	Camera -Tavolo	Importante

Data:_____   Settimana:____

Nome	Ora	Persone	Telefono #	Camera -Tavolo	Importante

Data:_____   Settimana:____

Nome	Ora	Persone	Telefono #	Camera -Tavolo	Importante

Data:_____ Settimana:____

Nome	Ora	Persone	Telefono #	Camera -Tavolo	Importante

Data:_____   Settimana:_____

Nome	Ora	Persone	Telefono #	Camera -Tavolo	Importante

Data:_____   Settimana:_____

Nome	Ora	Persone	Telefono #	Camera -Tavolo	Importante

Data:_____   Settimana:_____

Nome	Ora	Persone	Telefono #	Camera -Tavolo	Importante

Data:_____   Settimana:____

Nome	Ora	Persone	Telefono #	Camera -Tavolo	Importante

Data:_____ Settimana:____

Nome	Ora	Persone	Telefono #	Camera -Tavolo	Importante

Data:_____ Settimana:____

Nome	Ora	Persone	Telefono #	Camera -Tavolo	Importante

Data:_____   Settimana:____

Nome	Ora	Persone	Telefono #	Camera -Tavolo	Importante

Nome	Ora	Persone	Telefono #	Camera -Tavolo	Importante
Nome	Ora	Persone	Telefono #	Camera -Tavolo	Importante

Data:_____   Settimana:____

Nome	Ora	Persone	Telefono #	Camera -Tavolo	Importante

Data:_____   Settimana:____

Nome	Ora	Persone	Telefono #	Camera -Tavolo	Importante

Data:_____   Settimana:____

Nome	Ora	Persone	Telefono #	Camera -Tavolo	Importante

Data:_____ Settimana:____

Nome	Ora	Persone	Telefono #	Camera -Tavolo	Importante

Data:_____ Settimana:_____

Nome	Ora	Persone	Telefono #	Camera -Tavolo	Importante

Data:_____   Settimana:____

Nome	Ora	Persone	Telefono #	Camera - Tavolo	Importante

Data:_____ Settimana:____

Nome	Ora	Persone	Telefono #	Camera - Tavolo	Importante

Data:_____   Settimana:____

Nome	Ora	Persone	Telefono #	Camera -Tavolo	Importante

Data:_____ Settimana:____

Nome	Ora	Persone	Telefono #	Camera -Tavolo	Importante

Data:_____ Settimana:____

Nome	Ora	Persone	Telefono #	Camera -Tavolo	Importante

Data:_____ Settimana:_____

Nome	Ora	Persone	Telefono #	Camera - Tavolo	Importante

Data:_____ Settimana:____

Nome	Ora	Persone	Telefono #	Camera -Tavolo	Importante

Data:_____   Settimana:_____

Nome	Ora	Persone	Telefono #	Camera -Tavolo	Importante

Data:_____ Settimana:____

Nome	Ora	Persone	Telefono #	Camera -Tavolo	Importante

Data:_____   Settimana:_____

Nome	Ora	Persone	Telefono #	Camera -Tavolo	Importante

Data:_____ Settimana:____

Nome	Ora	Persone	Telefono #	Camera -Tavolo	Importante

Data:_____   Settimana:_____

Nome	Ora	Persone	Telefono #	Camera -Tavolo	Importante

Data:_____   Settimana:____

Nome	Ora	Persone	Telefono #	Camera -Tavolo	Importante

Data:_____ Settimana:____

Nome	Ora	Persone	Telefono #	Camera -Tavolo	Importante

Data:_____ Settimana:____

Nome	Ora	Persone	Telefono #	Camera -Tavolo	Importante

Data:_____   Settimana:_____

Nome	Ora	Persone	Telefono #	Camera -Tavolo	Importante

Data:_____   Settimana:_____

Nome	Ora	Persone	Telefono #	Camera - Tavolo	Importante

Data:_____ Settimana:____

Nome	Ora	Persone	Telefono #	Camera -Tavolo	Importante

Data:_____   Settimana:_____

Nome	Ora	Persone	Telefono #	Camera - Tavolo	Importante

Data:_____ Settimana:____

Nome	Ora	Persone	Telefono #	Camera -Tavolo	Importante

Data:_____   Settimana:____

Nome	Ora	Persone	Telefono #	Camera -Tavolo	Importante

Data:_____   Settimana:_____

Nome	Ora	Persone	Telefono #	Camera -Tavolo	Importante

Data:_____ Settimana:____

Nome	Ora	Persone	Telefono #	Camera -Tavolo	Importante

Data:_____ Settimana:_____

Nome	Ora	Persone	Telefono #	Camera -Tavolo	Importante

Data:_____ Settimana:____

Nome	Ora	Persone	Telefono #	Camera -Tavolo	Importante

Data:_____ Settimana:____

Nome	Ora	Persone	Telefono #	Camera -Tavolo	Importante

Data:_____   Settimana:_____

Nome	Ora	Persone	Telefono #	Camera -Tavolo	Importante

Nome	Ora	Persone	Telefono #	Camera -Tavolo	Importante

Data:_____   Settimana:____

Nome	Ora	Persone	Telefono #	Camera -Tavolo	Importante

Data:_____   Settimana:____

Nome	Ora	Persone	Telefono #	Camera -Tavolo	Importante

Data:_____ Settimana:____

Nome	Ora	Persone	Telefono #	Camera -Tavolo	Importante

Data:_____				Settimana:____	
Nome	Ora	Persone	Telefono #	Camera -Tavolo	Importante

Data:_____   Settimana:_____

Nome	Ora	Persone	Telefono #	Camera -Tavolo	Importante

Data:_____   Settimana:____

Nome	Ora	Persone	Telefono #	Camera -Tavolo	Importante

Data:_____   Settimana:____

Nome	Ora	Persone	Telefono #	Camera -Tavolo	Importante

Data:_____ Settimana:____

Nome	Ora	Persone	Telefono #	Camera -Tavolo	Importante

Data:_____   Settimana:_____

Nome	Ora	Persone	Telefono #	Camera -Tavolo	Importante

Data:_____ Settimana:_____

Nome	Ora	Persone	Telefono #	Camera -Tavolo	Importante

Data:_____   Settimana:_____

Nome	Ora	Persone	Telefono #	Camera -Tavolo	Importante

Data:_____   Settimana:____

Nome	Ora	Persone	Telefono #	Camera -Tavolo	Importante

Data:_____   Settimana:_____

Nome	Ora	Persone	Telefono #	Camera -Tavolo	Importante

Data:_____   Settimana:_____

Nome	Ora	Persone	Telefono #	Camera -Tavolo	Importante

Data:_____   Settimana:____

Nome	Ora	Persone	Telefono #	Camera -Tavolo	Importante

Data:_____ Settimana:____

Nome	Ora	Persone	Telefono #	Camera -Tavolo	Importante

Data:_____   Settimana:____

Nome	Ora	Persone	Telefono #	Camera -Tavolo	Importante

Data:_____   Settimana:____

Nome	Ora	Persone	Telefono #	Camera -Tavolo	Importante

Data:_____ Settimana:____

Nome	Ora	Persone	Telefono #	Camera -Tavolo	Importante

Data:_____   Settimana:____

Nome	Ora	Persone	Telefono #	Camera -Tavolo	Importante

Data:_____   Settimana:_____

Nome	Ora	Persone	Telefono #	Camera -Tavolo	Importante

Data:_____   Settimana:_____

Nome	Ora	Persone	Telefono #	Camera -Tavolo	Importante

Data:_____   Settimana:____

Nome	Ora	Persone	Telefono #	Camera -Tavolo	Importante

Data:_____   Settimana:_____

Nome	Ora	Persone	Telefono #	Camera -Tavolo	Importante

Data:_____   Settimana:____

Nome	Ora	Persone	Telefono #	Camera -Tavolo	Importante

Data:_____   Settimana:____

Nome	Ora	Persone	Telefono #	Camera -Tavolo	Importante

Data:_____   Settimana:_____

Nome	Ora	Persone	Telefono #	Camera -Tavolo	Importante

Data:_____				Settimana:____	
Nome	Ora	Persone	Telefono #	Camera -Tavolo	Importante

Data:_____   Settimana:____

Nome	Ora	Persone	Telefono #	Camera -Tavolo	Importante

Data:_____ Settimana:____

Nome	Ora	Persone	Telefono #	Camera -Tavolo	Importante

Data:_____   Settimana:_____

Nome	Ora	Persone	Telefono #	Camera -Tavolo	Importante

Data:_____ Settimana:____

Nome	Ora	Persone	Telefono #	Camera -Tavolo	Importante

Data:_____   Settimana:_____

Nome	Ora	Persone	Telefono #	Camera -Tavolo	Importante

Data:_____   Settimana:_____

Nome	Ora	Persone	Telefono #	Camera -Tavolo	Importante

Data:_____ Settimana:____

Nome	Ora	Persone	Telefono #	Camera -Tavolo	Importante

Data:_____ Settimana:____

Nome	Ora	Persone	Telefono #	Camera -Tavolo	Importante

Data:_____ Settimana:_____

Nome	Ora	Persone	Telefono #	Camera -Tavolo	Importante

Data:_____   Settimana:_____

Nome	Ora	Persone	Telefono #	Camera -Tavolo	Importante

Data:_____   Settimana:____

Nome	Ora	Persone	Telefono #	Camera -Tavolo	Importante

Data:_____   Settimana:____

Nome	Ora	Persone	Telefono #	Camera -Tavolo	Importante

Data:_____   Settimana:_____

Nome	Ora	Persone	Telefono #	Camera -Tavolo	Importante

Data:_____ Settimana:____

Nome	Ora	Persone	Telefono #	Camera -Tavolo	Importante

Data:_____ Settimana:____

Nome	Ora	Persone	Telefono #	Camera - Tavolo	Importante

Data:_____   **Settimana:**____

Nome	Ora	Persone	Telefono #	Camera -Tavolo	Importante

Data:_____   Settimana:_____

Nome	Ora	Persone	Telefono #	Camera -Tavolo	Importante

Data:_____   Settimana:____

Nome	Ora	Persone	Telefono #	Camera -Tavolo	Importante

Data:_____   Settimana:____

Nome	Ora	Persone	Telefono #	Camera -Tavolo	Importante

Data:_____ Settimana:____

Nome	Ora	Persone	Telefono #	Camera -Tavolo	Importante

Data:_____   Settimana:____

Nome	Ora	Persone	Telefono #	Camera -Tavolo	Importante

Data:_____ Settimana:____

Nome	Ora	Persone	Telefono #	Camera -Tavolo	Importante

Data:_____   Settimana:____

Nome	Ora	Persone	Telefono #	Camera -Tavolo	Importante

Data:_____ Settimana:_____

Nome	Ora	Persone	Telefono #	Camera -Tavolo	Importante

Data:_____ Settimana:____

Nome	Ora	Persone	Telefono #	Camera -Tavolo	Importante

Data:_____   Settimana:____

Nome	Ora	Persone	Telefono #	Camera -Tavolo	Importante

Data:_____ Settimana:____

Nome	Ora	Persone	Telefono #	Camera -Tavolo	Importante

Data:_____   Settimana:____

Nome	Ora	Persone	Telefono #	Camera -Tavolo	Importante

Data:_____ Settimana:____

Nome	Ora	Persone	Telefono #	Camera -Tavolo	Importante

Data:_____   Settimana:____

Nome	Ora	Persone	Telefono #	Camera -Tavolo	Importante

Data:_____ Settimana:____

Nome	Ora	Persone	Telefono #	Camera -Tavolo	Importante

Nome	Ora	Persone	Telefono #	Camera - Tavolo	Importante

Data:_____   Settimana:_____

Data:_____ Settimana:_____

Nome	Ora	Persone	Telefono #	Camera -Tavolo	Importante

Data:_____   Settimana:____

Nome	Ora	Persone	Telefono #	Camera - Tavolo	Importante

Data:_____   Settimana:____

Nome	Ora	Persone	Telefono #	Camera -Tavolo	Importante

Data:_____   Settimana:_____

Nome	Ora	Persone	Telefono #	Camera -Tavolo	Importante

Data:_____ Settimana:____

Nome	Ora	Persone	Telefono #	Camera -Tavolo	Importante

Data:_____ Settimana:_____

Nome	Ora	Persone	Telefono #	Camera -Tavolo	Importante

Data:_____   Settimana:_____

Nome	Ora	Persone	Telefono #	Camera -Tavolo	Importante

Nome	Ora	Persone	Telefono #	Camera -Tavolo	Importante

Data:_____   Settimana:_____

Nome	Ora	Persone	Telefono #	Camera -Tavolo	Importante

Data:_____   Settimana:____

Nome	Ora	Persone	Telefono #	Camera -Tavolo	Importante

Data:_____   Settimana:____

Nome	Ora	Persone	Telefono #	Camera -Tavolo	Importante

Data:_____   Settimana:_____

Nome	Ora	Persone	Telefono #	Camera -Tavolo	Importante

Data:_____   Settimana:_____

Nome	Ora	Persone	Telefono #	Camera -Tavolo	Importante

Data:_____   Settimana:____

Nome	Ora	Persone	Telefono #	Camera -Tavolo	Importante

Data:_____   Settimana:_____

Nome	Ora	Persone	Telefono #	Camera -Tavolo	Importante

Data:_____ Settimana:____

Nome	Ora	Persone	Telefono #	Camera -Tavolo	Importante

Data:_____   Settimana:_____

Nome	Ora	Persone	Telefono #	Camera -Tavolo	Importante

Data:_____   Settimana:____

Nome	Ora	Persone	Telefono #	Camera -Tavolo	Importante

Data:_____ Settimana:_____

Nome	Ora	Persone	Telefono #	Camera -Tavolo	Importante

Data:_____   Settimana:____

Nome	Ora	Persone	Telefono #	Camera -Tavolo	Importante
Nome	Ora	Persone	Telefono #	Camera -Tavolo	Importante

Data:_____ Settimana:____

Nome	Ora	Persone	Telefono #	Camera -Tavolo	Importante

Data:_____   Settimana:____

Nome	Ora	Persone	Telefono #	Camera -Tavolo	Importante

Data:_____   Settimana:_____

Nome	Ora	Persone	Telefono #	Camera -Tavolo	Importante

Data:_____ Settimana:_____

Nome	Ora	Persone	Telefono #	Camera -Tavolo	Importante

Data:_____ Settimana:____

Nome	Ora	Persone	Telefono #	Camera -Tavolo	Importante

Data:_____ Settimana:____

Nome	Ora	Persone	Telefono #	Camera -Tavolo	Importante

Data:_____ Settimana:____

Nome	Ora	Persone	Telefono #	Camera -Tavolo	Importante

Data:_____   Settimana:____

Nome	Ora	Persone	Telefono #	Camera -Tavolo	Importante

Data:_____   Settimana:_____

Nome	Ora	Persone	Telefono #	Camera -Tavolo	Importante

Data:_____ Settimana:____

Nome	Ora	Persone	Telefono #	Camera -Tavolo	Importante

Data:_____   Settimana:_____

Nome	Ora	Persone	Telefono #	Camera -Tavolo	Importante

Data:_____ Settimana:____

Nome	Ora	Persone	Telefono #	Camera -Tavolo	Importante

Data:_____   Settimana:____

Nome	Ora	Persone	Telefono #	Camera -Tavolo	Importante

Data:_____   Settimana:____

Nome	Ora	Persone	Telefono #	Camera -Tavolo	Importante

Data:_____   Settimana:_____

Nome	Ora	Persone	Telefono #	Camera -Tavolo	Importante

Data:_____   Settimana:____

Nome	Ora	Persone	Telefono #	Camera -Tavolo	Importante

Data:_____   **Settimana:**____

Nome	Ora	Persone	Telefono #	Camera -Tavolo	Importante

Data:_____   Settimana:_____

Nome	Ora	Persone	Telefono #	Camera -Tavolo	Importante

Data:_____ Settimana:____

Nome	Ora	Persone	Telefono #	Camera -Tavolo	Importante

Data:_____ Settimana:____

Nome	Ora	Persone	Telefono #	Camera -Tavolo	Importante

Data:_____ Settimana:____

Nome	Ora	Persone	Telefono #	Camera -Tavolo	Importante

Data:_____   Settimana:_____

Nome	Ora	Persone	Telefono #	Camera -Tavolo	Importante

Data:_____   Settimana:____

Nome	Ora	Persone	Telefono #	Camera -Tavolo	Importante